EL MUNDO DE LAS

PIRÁMIDES

ANNE MILLARD

PANAMERICANA
EDITORIAL

Millard, Anne
   El mundo de las pirámides / Anne Millard; traductor
Olga Lucía de la Espriella; ilustrador Julián Baker. — Bogotá:
Panamericana Editorial, 2006.
   64 p. : il.; 28 cm. — (El mundo de ...)
   Incluye glosario e índice.
   ISBN-13: 978-958-30-2310-1
   ISBN-10: 958-30-2310-8
   1. Pirámides egipcias - Literatura juvenil 2. Pirámides
Mesoamericanas - Literatura juvenil 3. Pirámides - Literatura
Juvenil 4. Monumentos funerarios 5. Pirámides 6. Indígenas -
Literatura juvenil I. Espriella, Olga Lucía de la, tr. II. Baker,
Julián, il. III. Tít. IV. Serie.
932 cd 20 ed.
A1087098

      CEP-Banco de la República-Biblioteca Luis Ángel Arango

Publicado en acuerdo con Kingfisher Publications Plc
Título original: *The World of Pyramids*
© Kingfisher Publications Plc, 2004
New Penderel House,
283-288 High Holborn
Londres WC1V 7HZ
Editor de la colección: Camilla Hallinan
Diseño: John Jamieson
Diseño de carátula: Anthony Cutting
Investigación fotográfica:
Su Alexander

Primera edición en Panamericana
Editorial Ltda., diciembre de 2006
© Panamericana Editorial Ltda.
Dirección editorial:
Conrado Zuluaga
Edición en español:
Diana López de Mesa Oses
Traducción:
Olga Lucía de la Espriella
Calle 12 No. 34-20
Tels.: 3603077 – 2770100
Fax: (57 1) 2373805
panaedit@panamericanaeditorial.com
Bogotá D.C., Colombia
ISBN-13: 978-958-30-2310-1
ISBN-10: 958-30-2310-8

Impreso en China
Printed in China

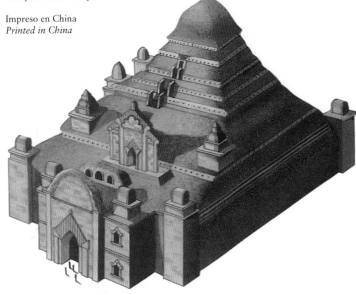

CONTENIDO

3500	3000	2500	2000	1500
Período predinástico	Período arcaico	Imperio Antiguo	Imperio Medio	Imperio Nuevo

LA ERA DE LAS PIRÁMIDES

Hace unos 5.000 años, Egipto se convirtió en una sola nación. Durante cerca de 3.000 años tuvo sus propios reyes, denominados después faraones. Su historia se divide en varios períodos. Los tres más importantes fueron los imperios Antiguo, Medio y Nuevo. En el Imperio Antiguo, se construyeron grandes tumbas de piedra, las pirámides, por eso este período se conoce como la Era de las Pirámides.

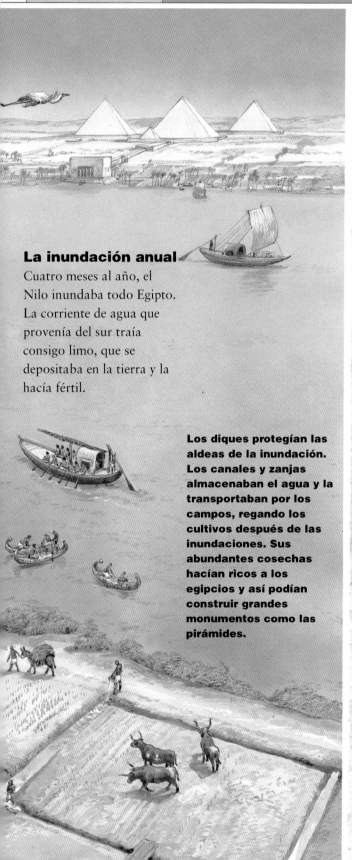

La inundación anual

Cuatro meses al año, el Nilo inundaba todo Egipto. La corriente de agua que provenía del sur traía consigo limo, que se depositaba en la tierra y la hacía fértil.

Los diques protegían las aldeas de la inundación. Los canales y zanjas almacenaban el agua y la transportaban por los campos, regando los cultivos después de las inundaciones. Sus abundantes cosechas hacían ricos a los egipcios y así podían construir grandes monumentos como las pirámides.

MAR MEDITERRÁNEO

Buto

BAJO EGIPTO

DESIERTO
OCCIDENTAL

Abu Roash
Gizeh
Abu Gurab
Abusir
Saqqara
Dahshur
Meidum
Hawara

Heliópolis
Turah
Helwan
Menfis
Mazghuma
Lisht
Seila
Lahun
Kahun

MAR ROJO

Nilo

DESIERTO
ORIENTAL

ALTO EGIPTO

Abidos
Deir el Bahari
Deir el Medina
El Kula

Valle de los Reyes
Karnak
Tebas
Hierakonópolis

▲ Tumba
• Ciudad

0   100   200 km

Asuán

Para los antiguos egipcios, las tres cosas más importantes eran: su rey, el más allá y el Nilo. Egipto es un país seco en el que casi nunca llueve. El Nilo abastece de agua a todos los seres vivos. Las pirámides que albergaban el cuerpo y las posesiones de los reyes cuando morían, se construyeron al oeste del Nilo.

El rey

Antes de unificarse, Egipto se dividía en dos países. Los egipcios no lo olvidaron y por eso el título de sus gobernantes era rey del Alto y Bajo Egipto. Creían que el rey era descendiente de Ra, el dios Sol. Cuando el rey se sentaba en su trono con sus emblemas, el espíritu del dios Horus entraba en él y hablaba como dios en la Tierra.

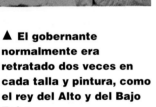

▲ El gobernante normalmente era retratado dos veces en cada talla y pintura, como el rey del Alto y del Bajo Egipto.

▲ Inmediatamente el nuevo rey asumía el trono, ordenaba a un arquitecto comenzar a trabajar en su tumba.

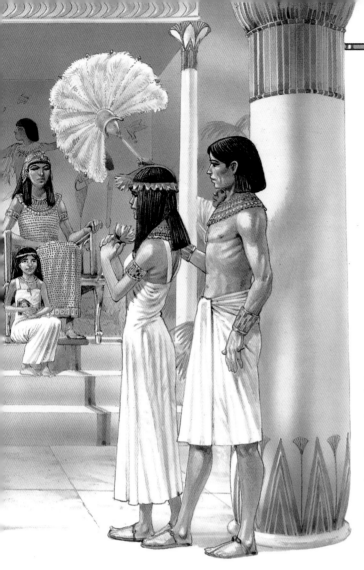

Coronas reales

La corona blanca se utilizaba en el Alto Egipto, en la tierra del sur. La corona roja se utilizaba en el Bajo Egipto, alrededor del delta del Nilo.

La doble corona era el símbolo del Egipto unido. La corona azul, o yelmo, era utilizada en el Imperio Nuevo.

El rey era venerado como un dios hasta después de su muerte. Su cuerpo tenía que preservarse, las pertenencias que necesitara en el más allá tenían que protegerse y su espíritu divino debía liberarse para unirse en el cielo con los dioses. Para todo esto se necesitaba una pirámide.

▶ El cayado y el mayal: símbolos de autoridad del rey.

Escoger el lugar

En la Tierra de los Muertos, en el occidente, donde el sol se pone, se escogía un lugar en el desierto para la tumba del rey. Su construcción duraba años.

7

La sociedad

Las familias reales se dividían en dinastías. El Imperio Antiguo comprendió las dinastías III, IV, V y VI. Por debajo de la familia real estaban los altos sacerdotes, los cortesanos, los sirvientes civiles de alto rango y los generales. Luego estaban los escribas, oficiales, sacerdotes, médicos, ingenieros y soldados. El cuarto nivel incluía a los artesanos, a los dolientes profesionales, bailarines y sirvientes. Los campesinos y obreros, estaban en el último nivel.

▲ Podemos imaginar la antigua sociedad egipcia como si estuviera dividida en niveles dentro de una pirámide. En la cúspide estaba el rey. Sólo los últimos reyes fueron llamados faraones.

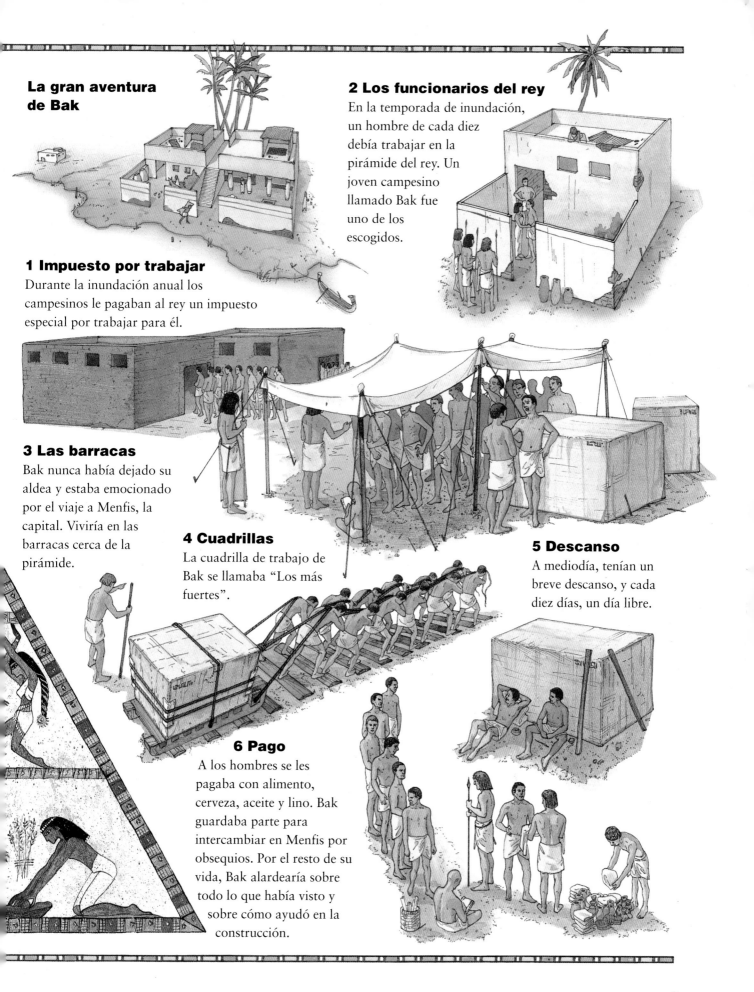

La gran aventura de Bak

1 Impuesto por trabajar
Durante la inundación anual los campesinos le pagaban al rey un impuesto especial por trabajar para él.

2 Los funcionarios del rey
En la temporada de inundación, un hombre de cada diez debía trabajar en la pirámide del rey. Un joven campesino llamado Bak fue uno de los escogidos.

3 Las barracas
Bak nunca había dejado su aldea y estaba emocionado por el viaje a Menfis, la capital. Viviría en las barracas cerca de la pirámide.

4 Cuadrillas
La cuadrilla de trabajo de Bak se llamaba "Los más fuertes".

5 Descanso
A mediodía, tenían un breve descanso, y cada diez días, un día libre.

6 Pago
A los hombres se les pagaba con alimento, cerveza, aceite y lino. Bak guardaba parte para intercambiar en Menfis por obsequios. Por el resto de su vida, Bak alardearía sobre todo lo que había visto y sobre cómo ayudó en la construcción.

Obreros y escribas

Mientras que los obreros arrastraban enormes bloques de piedra, el trabajo más calificado era realizado por obreros capacitados. La fuerza de trabajo incluía topógrafos, orfebres, canteros y carpinteros. Los pintores y escultores decoraban las paredes de los templos. Los escribas llevaban el registro de todos los materiales que se requerían.

▶ Las órdenes escritas eran enviadas al supervisor de la cantera, con el fin de cortar la piedra caliza para la pirámide. Cada bloque pesaba cerca de 3 toneladas, para moverlos utilizaban palancas.

▶ Para delinear un bloque se realizaba una pequeña abertura y luego se martillaban cuñas de madera dentro de ésta con un mazo; después, las cuñas se mojaban con agua. A medida que la madera se expandía, la piedra se partía en dos.

10

Orfebres

Los primeros egipcios aprendieron a trabajar el cobre y el oro y elaboraron herramientas, armas y joyas. Más tarde, descubrieron cómo hacer el bronce más duro a partir del cobre y del estaño, calentando el mineral en un horno. Durante el Imperio Nuevo, los egipcios inventaron fuelles accionados por los pies. El metal se vaciaba en moldes para fabricar las herramientas, que eran entregadas a los obreros y cuando las devolvían éstas eran registradas.

◀ **Los obreros de las canteras utilizaban palancas para mover los bloques de piedra, que eran almacenados hasta que llegara la inundación anual, cuando se cargaban en barcazas y eran llevados a remo por el río hasta la construcción.**

▼**A los bloques se les daba forma cuadrada con un cincel y un mazo, y eran marcados para poderlos identificar después.**

Escribas

Un escriba se sentaba con las piernas cruzadas con una tabla sobre sus rodillas y escribía con una pluma de caña sobre el papiro. Su paleta contenía tinta y plumas. Los escribas eran muy importantes, pero sólo algunas familias podían sufragar los gastos de la educación que se necesitaba para aprender los cientos de jeroglíficos o pictogramas que se empleaban en la escritura.

Transporte

Las piedras utilizadas para construir la pirámide eran transportadas en barcazas, desde las canteras. Durante la inundación anual, las piedras flotaban y podían transportarse hasta la orilla. Se construyeron embarcaciones de madera del Líbano, con remos y velas, para utilizarlas en el Nilo o en el mar. Además de comerciar mercancía, los egipcios comerciaban con las tierras del este del Mediterráneo, Nubia y Punt. Las utilidades ayudaban a pagar la construcción de las pirámides.

▲ Esto mantenía el mástil del barco en su lugar.

Transporte terrestre

Las cosas pequeñas eran cargadas a hombros, en canastas o en yuntas. Mercancías como granos, eran transportadas en burros. Los caballos se utilizaron por primera vez antes del inicio del Imperio Nuevo. Los camellos no se utilizaron sino hasta el último período.

▲ Para cruzar el Nilo, los egipcios debían utilizar barcazas hechas de junco. Los nobles utilizaban estas barcazas para pescar, cazar aves, hipopótamos y cocodrilos.

▼ En tierra, los objetos pesados, como los bloques de piedra para las pirámides, se acomodaban en trineos de madera que eran arrastrados por grupos de hombres o bueyes.

▲ Las embarcaciones egipcias eran conducidas por uno o dos grandes remos de dirección, fijados a la popa. Los egipcios fueron los primeros en utilizar velas.

Para fijar el Norte

Una pirámide tenía que alinearse con la Estrella Polar del Norte. Parado sobre el centro de un recinto, un sacerdote verificaba la posición de una estrella al ver cómo ascendía sobre la pared. Luego esperaba y observaba el lugar sobre el cual descendía sobre la pared. Al dividir el ángulo entre aquél y los puntos de ascenso y descenso de la estrella, el sacerdote fijaba el Norte verdadero.

Sacerdotes y dioses

Los egipcios adoraban muchos dioses. Algunos siempre gozaron de popularidad, otros cayeron en desgracia. El rey debía presidir todos sus cultos, pero en la práctica designaba a sacerdotes para esto.

▲ El espíritu de Horus, dios del cielo, poseía al rey. Sus ojos eran el Sol y la Luna.

▲ Ptah, el dios creador, inventó las artes, era el dios local de Menfis, la capital.

Desde el principio, los sacerdotes egipcios estudiaron las estrellas. El movimiento de las estrellas, los planetas y el Sol fueron la base de su calendario. Se valieron de las estrellas para fijar la posición exacta de las pirámides, cuyos lados debían coincidir con los puntos cardinales.

La ceremonia de fundación

El rey, acompañado por una sacerdotisa vestida como la diosa Seshat, marcaba un contorno con postes de madera y cuerdas. Este ritual se realizaba en los últimos tiempos para fundar los templos. Posiblemente hacía parte de la ceremonia de fundación de las pirámides.

▲ Este zodiaco egipcio fue tallado en el techo de una capilla dedicada a Osiris en el templo de Denderah. Ahora se encuentra en el Museo de Louvre en París.

▲ Hathor, diosa del amor y la belleza, una vez elevó el Sol hacia el cielo sobre sus cuernos.

▲ Isis, hermana y esposa de Osiris, fue la madre de Horus. Ella era la esposa y la madre perfecta.

▲ Ra-Horakhty, el dios Sol y Horus unidos. El Sol se encuentra sobre su cabeza de halcón.

▲ Osiris era el dios de la muerte. Las almas eran juzgadas y sentenciadas en su reino, en el occidente.

▲ Los obreros se alojaban en barracas. Los canteros capacitados y algunos obreros trabajaban todo el año, pero aquellos que pagaban el impuesto por trabajar eran traídos en época de inundación.

TRABAJO EN LA PIRÁMIDE

La construcción de las pirámides era una proeza de organización e ingeniería, que tomaba más de veinte años. Los bloques eran arrastrados sobre una rampa hecha de ladrillos y escombros y dispuestos en capas, una a la vez. A medida que se completaba una capa, la rampa se alargaba y se incrementaba su altura. Por último un revestimiento de piedra caliza de alta calidad se ponía en su lugar.

◄ Se trazaba un camino de postes de madera para que los trineos que transportaban los bloques de piedra pudieran moverse con facilidad. Los trineos subían por un lado de la rampa, y bajaban por otro.

◄ El esfuerzo bajo el caliente sol del desierto provocaba mucha sed, por lo que era necesario suministrarles agua a los obreros constantemente.

La Gran Pirámide tiene 147 m de altura. Es más alta que muchos monumentos famosos.

La primera pirámide fue construida en Saqqara para el rey Zoser. Fue llamada pirámide escalonada por su forma. Más tarde, las pirámides escalonadas evolucionaron en pirámides de lado recto o pirámides verdaderas, como la Gran Pirámide de Gizeh, del rey Keops, hace cerca de 4.500 años.

Pirámide escalonada

Imhotep, el arquitecto de Zoser, utilizó piedra para construir la tumba del rey en vez de ladrillo. Puso piedras en forma escalonada: fue la primera pirámide. ¿Por qué la hizo? Los reyes creían que sus almas debían unirse a las Imperecederas, las estrellas del Norte que nunca descienden bajo el horizonte; así, una pirámide escalonada pudo haber sido una escalera hacia las estrellas.

De mastaba a pirámide escalonada

1 Las primeras tumbas eran cavadas en la arena.

2 Luego tuvieron montículos.

3 Después vinieron las mastabas, tumbas de ladrillos. Las reales eran las más grandes.

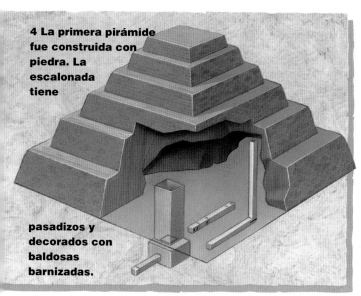

4 La primera pirámide fue construida con piedra. La escalonada tiene pasadizos y decorados con baldosas barnizadas.

Primera pirámide verdadera

Huni construyó una pirámide escalonada en Meidum. Su hijo Sneferú la convirtió en pirámide de lados rectos, pero el revestimiento se vino abajo, derrumbando parte de la pirámide original. ¿Defecto en el diseño o en la construcción?

La pirámide de Zoser se encuentra dentro de un conjunto de plazoletas y edificaciones. Probablemente, el complejo representa el palacio y sus dependencias. Las otras edificaciones son macizas. Aún así, el rey podría utilizarlas en el más allá.

Una pirámide curva

Sneferú comenzó una pirámide de lados rectos en Dahshur. En la mitad de la construcción, los ingenieros pensaron que los ángulos de los lados eran demasiado empinados, entonces cambiaron a una inclinación más suave y crearon una pirámide curva.

El festival *heb sed*

Cuando un rey cumplía treinta años de reinado, celebraba el mágico *heb sed*, festival que renovaba el poder del rey. Las ceremonias incluían una carrera que simbolizaba tomar el control del reino y que demostraba la buena condición física del rey.

Pirámides de lados rectos

Desde la dinastía IV, las pirámides fueron de lados rectos. Los *Textos de las pirámides*, escritos religiosos, le prometían al rey que los rayos del sol lo fortalecerían para que pudiera caminar sobre ellos y encontrarse con Ra. Los lados rectos simbolizaban los rayos de sol convertidos en rampas.

rampa en espiral

rampa larga recta

▲ **Las tallas de los templos mortuorios muestran cómo eran las embarcaciones egipcias.**

La rampa

Los egipcios no poseían grúas. Para construir una pirámide, levantaban una enorme rampa y arrastraban los bloques de piedra sobre trineos. Algunos historiadores han sugerido que la rampa rodeaba la pirámide, pero los restos de las rampas encontrados indican que eran rectas. Los egipcios podían construir rampas muy largas y altas.

1 El templo del valle

Cuando un rey moría, su cuerpo era transportado por el Nilo hasta el templo del valle, para ser momificado.

2 Pasos elevados

Entre el templo del valle y las pirámides había un camino procesional cubierto.
Con frecuencia, las paredes internas estaban decoradas, y claraboyas en el techo suministraban luz.

3 El templo mortuorio

Construido a un lado de la pirámide, era el lugar en el que los sacerdotes hacían diariamente sus ofrendas al espíritu del rey, para que alcanzara la eternidad.

4 La pirámide de la reina

El rey siempre construía una pequeña pirámide para su reina.

5 La tumba

El rey y todas sus pertenencias eran enterrados en una cámara en la parte baja de la pirámide.

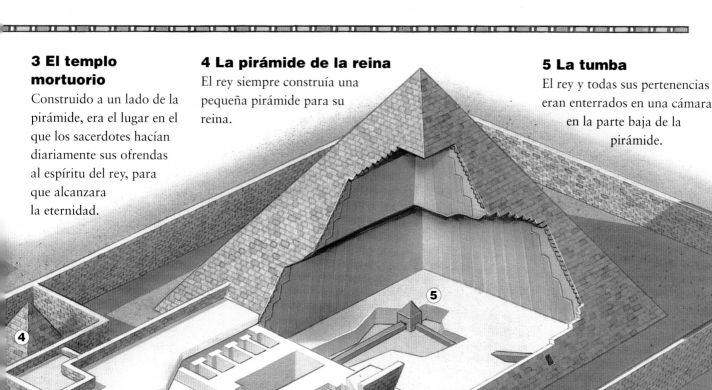

Se han hallado restos de más de 20 pirámides de reyes del Imperio Antiguo. Las pirámides de la dinastía IV son las mejores. Las de la V y la VI son pequeñas y no fueron bien construidas. En ese entonces, ocurrieron cambios; los nobles se volvieron ricos; el comercio se interrumpió por los problemas en el exterior, lo que provocó que los reyes perdieran gradualmente su riqueza y su poder.

Nivelación del lugar

Alrededor del lugar escogido se construía una pequeña plancha y después se inundaba toda el área, para poder trazar zanjas en la roca y nivelarla.

Todas las zanjas tenían exactamente la misma profundidad, el agua era drenada, y la roca sobrante se retiraba.

◀ **Los canteros utilizaban huesos para verificar que los bloques de piedra estuvieran cortados con precisión. Los huesos se sostenían perpendiculares a la piedra para que la cuerda estuviera templada y recta.**

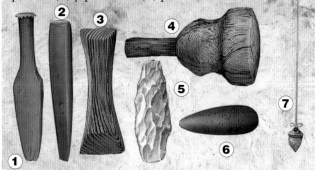

Herramientas del oficio

Los cinceles eran de cobre (1) y, en la época del Imperio Medio, de bronce (2). La madera se utilizaba para fabricar cuñas (3) y mazos (4), los morteros de diorita para los bloques de granito (5), y piedras pulidas (6) y plomadas (7) para los terminados.

▶ **Cinceles de cobre y mazos de madera resistente se empleaban para darle forma a los bloques de piedra caliza. Con una plomada se verificaba que los lados estuvieran rectos.**

▼ **Los bloques permanecían en la cantera hasta la inundación, cuando las barcazas podían acercarse más a la cantera y llevar las piedras a la pirámide. Se necesitaba talento para controlar las barcazas en las fuertes corrientes del río.**

Trabajo en progreso

Las pirámides se construyeron con piedra caliza, extraída de la cantera más cercana. La finísima piedra caliza del revestimiento provenía de Turah, ubicada sobre la orilla oriental, muy cerca a la actual ciudad de El Cairo. Algunas cámaras fúnebres fueron revestidas con losas de granito más fuerte, provenientes de Asuán, al norte del Nilo.

Una vez que los enormes bloques se pasaban a la rampa, se utilizaban cuerdas y palancas para maniobrarlos y ponerlos en su posición. Un supervisor verificaba que cada bloque se dispusiera correctamente.

▶ **La piedra superior de remate, de forma piramidal, era la cúspide de la pirámide. Algunos historiadores creen que la piedra de remate de Gizeh estaba bañada de oro.**

Cuando la pirámide alcanzaba la altura estimada, se colocaban las piedras que la revestían, comenzando con la piedra superior de remate. Los egipcios eran muy hábiles para encajar y pulir esos bloques. En la de Keops encajan tan bien que no puedes pasar el filo de un cuchillo entre ellos. La mayoría de piedras de revestimiento fueron robadas para realizar otras construcciones. La pirámide de Kefrén en Gizeh es la única que todavía tiene piedras de revestimiento.

▶ Los obreros frotaban los bloques de revestimiento con piedras pulidoras hasta que brillaran con el sol. Los supervisores utilizaban plomadas para verificar que el ángulo de inclinación fuera el correcto.

▶ A medida que los trabajadores descendían, la rampa de la pirámide iba demoliéndose.

▶ Los accidentes eran muy frecuentes y los médicos trataban a diario piernas rotas y esguinces.

23

Los toques finales

Los templos y tumbas se construían al mismo tiempo que la pirámide. El templo se llenaba con arena mientras se levantaban las paredes, para poder transladar los bloques. Cuando las paredes y el techo estaban listos, la arena se removía. Las tallas y pinturas se realizaban utilizando arena como plataforma.

Textos de las pirámides

Unas fue el último rey de la dinastía V. Las paredes de su cámara mortuoria tienen inscripciones con oraciones: *Textos de las pirámides*, que ayudaban al rey a alcanzar el más allá y su bienestar.

Columnas

Los techos de los templos y columnatas eran soportados por columnas de piedra. La parte superior de éstas era tallada para representar capullos de loto, juncos de papiro florecido o palma datilera.

Fosos para barcos

Muchos reyes tenían embarcaciones enterradas cerca de sus pirámides. ¿Acaso para el placer del rey en el más allá?, o ¿para navegar por el cielo con el dios Sol? Dos de las embarcaciones del rey Keops han sido encontradas, una permanece enterrada, y la otra está en un museo cerca de Gizeh.

Las estatuas

Las estatuas del rey se disponían en su valle y templos mortuorios. En el Imperio Antiguo, algunas estatuas superaron el tamaño del modelo real. Las del Imperio Nuevo también eran colosales.

Pirámides de Gizeh

Las pirámides de Gizeh fueron construidas por Keops, su hijo Kefrén y su nieto Micerino. La de Keops, la Gran Pirámide, es la más grande, mide 147 m de alto y tiene cerca de 2´300.000 bloques. La de Kefrén es tres metros más pequeña, pero se ve más alta porque está en un terreno más alto y aún conserva parte de su revestimiento. La de Micerino es la más pequeña, con 66 m de altura.

Al interior de la Gran Pirámide

A diferencia de las pirámides posteriores, la de Keops tiene varias cámaras y galerías. Tal vez los planos fueron modificados durante su construcción. Keops fue enterrado en la cámara superior.

Micerino

Cerca de las pirámides reales estaban las mastabas para el resto de la familia y los cortesanos. El lugar estaba vigilado por la esfinge, una representación del dios Sol, tallada en piedra caliza; ésta tiene el cuerpo de un león y el rostro de un rey. Las pirámides de Gizeh son una de las maravillas del mundo antiguo.

Kefrén

El trono de león

En su templo del valle existían estatuas enormes de Kefrén. Esta estatua fue hecha de diorita. El rey aparece más grande de lo que fue, y está sentado en un trono de león. El halcón de Horus, con las alas desplegadas, se posa detrás de su cabeza. En su pie se ve el cartucho de Kefrén: su nombre en jeroglíficos dentro de un lazo ovalado.

Keops

El cuerpo cubierto del rey era llevado por el Nilo, desde su palacio en Menfis hasta su complejo de pirámides. Su cuerpo era atendido en un quiosco temporal sobre el techo de su templo del valle.

La barcaza con el cuerpo del rey era remolcada, las otras barcazas tenían remadores. Sobre la proa de una de las barcazas, cuatro de los guardias del rey, se mantenían de pie sosteniendo los estandartes reales.

Los sacerdotes y sacerdotisas oraban por el rey mientras que su familia y los cortesanos lo lloraban. Otras embarcaciones transportaban cosas necesari para su embalsamamiento. Lo tesoros de su tumba llegaban con la procesión fúnebre.

UN FUNERAL REAL

El rey ha muerto y su pueblo está asustado y cree que las fuerzas del mal han vencido. Su hijo se convertirá en rey a la mañana siguiente y ofrecerá un nuevo comienzo a medida que llega el alba. De este modo se restauraba el equilibrio entre el bien y el mal, lo cual era muy importante para los egipcios. El rey muerto necesitaba la ayuda de su gente: su cuerpo mortal debía preservarse, y su espíritu divino atenderse. Los rituales y oraciones aseguraban que el rey cruzara al más allá a una eternidad feliz.

Rampa al cielo

A los egipcios les gustaba que las cosas tuvieran significado y esto los hacía importantes y mágicos. Una pirámide era una rampa hacia el cielo, y también una colina, que fue la primera tierra. Una vez el planeta estuvo cubierto de agua, luego apareció una colina. El dios Sol estuvo de pie sobre la colina para crear el mundo. Una pirámide también es el *benben*, la piedra sagrada para Ra, que cayó del cielo. Todos éstos eran lugares mágicos para que un espíritu pudiera renacer en el más allá.

▲ La ceremonia de la Apertura de la Boca le regresaba la vida a la momia para que el difunto fuera capaz de hablar y moverse en el más allá.

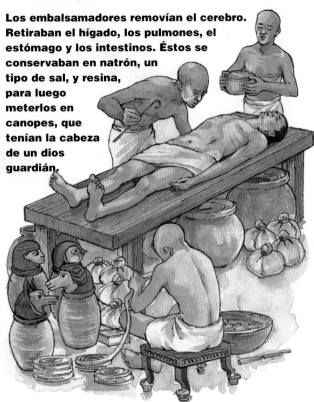

Los embalsamadores removían el cerebro. Retiraban el hígado, los pulmones, el estómago y los intestinos. Éstos se conservaban en natrón, un tipo de sal, y resina, para luego meterlos en canopes, que tenían la cabeza de un dios guardián.

Las momias

Los egipcios creían que sólo disfrutarían el más allá si preservaban sus cuerpos. Cuando las pirámides fueron construidas, todavía intentaban encontrar la mejor manera de hacerlo. Este proceso se conoce como embalsamamiento.

▼ El cuerpo se metía en una tina para embalsamar y se cubría con natrón durante 40 días; así se secaban todos los fluidos del cuerpo. Luego se lavaba y frotaba con aceite y especias aromáticas; su interior se rellenaba con resina y natrón y se envolvía en lino. Su rostro se pintaba para que pareciera vivo, y se arreglaba su cabello.

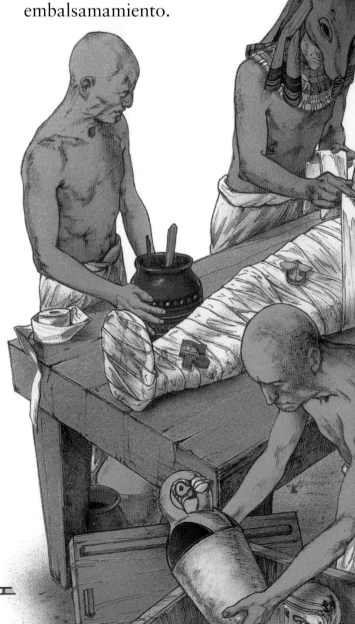

En el Imperio Nuevo, los embalsamadores eran muy hábiles. Les tomaba 70 días preparar un cuerpo, pero sólo los reyes y nobles tenían la capacidad económica para que se les realizara un tratamiento completo. Los demás tenían que contentarse con un proceso más simple. Aunque la mayoría de tumbas reales fueron saqueadas, se han rescatado algunas momias.

Amuletos

Los amuletos se colocaban entre los vendajes de la momia. Eran símbolos de poder, protección y renacimiento. Se pensaba que éstos ayudaban a la persona en su viaje hacia el más allá.

◄ El cuerpo se envolvía con vendajes de lino, que habían sido sumergidos en resina, para que pudieran conservar su forma. Primero se envolvían de manera separada los dedos de las manos y de los pies, las piernas, los brazos; luego se envolvía el cuerpo entero. La momia terminada se disponía en un ataúd de madera.

► Los sacerdotes pronunciaban oraciones para ayudarle al difunto en su viaje hacia el más allá. El embalsamador jefe, vestido como Anubis, el dios del embalsamamiento, bendecía a la momia.

El culto funerario

El funeral ha terminado. El rey se ha unido a los dioses, pero éste no es el final. Se han establecido Estados aparte y se han nombrado sacerdotes para suministrar ofrendas a su espíritu y asegurar su comodidad en el más allá. Estos cultos se practicaron durante muchos años, pero se interrumpieron en los períodos de mayor auge entre los imperios Antiguo, Medio y Nuevo.

Jarrón decorativo

Ladrones de tumbas
En tiempos difíciles, a finales de los imperios Antiguo, Medio y Nuevo, las tumbas no eran vigiladas apropiadamente y los ladrones las asaltaban. Las pirámides fueron saqueadas.

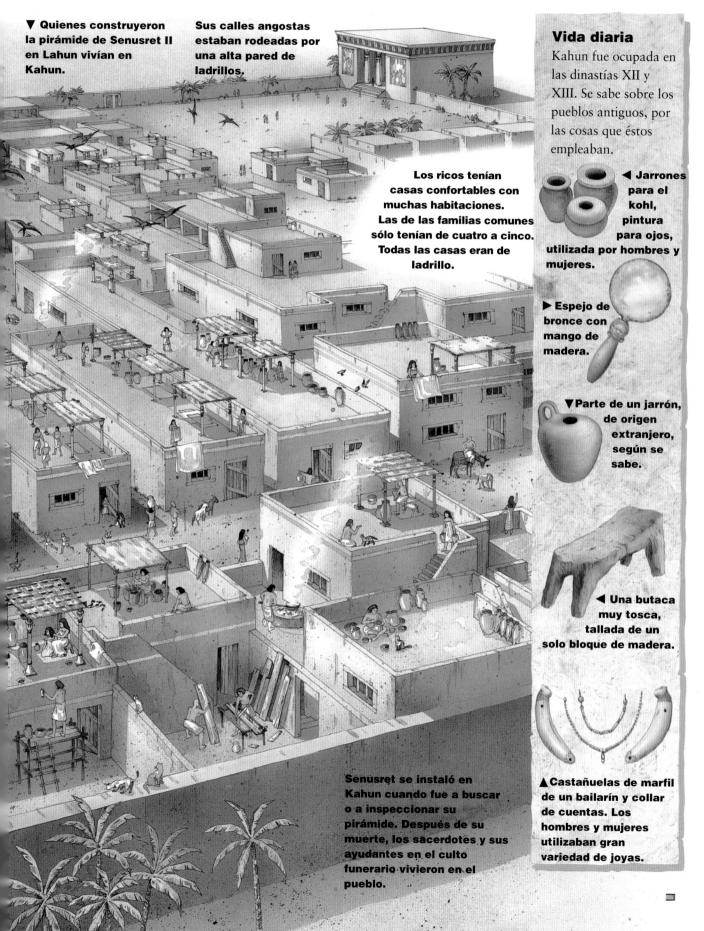

▼ Quienes construyeron la pirámide de Senusret II en Lahun vivían en Kahun.

Sus calles angostas estaban rodeadas por una alta pared de ladrillos.

Los ricos tenían casas confortables con muchas habitaciones. Las de las familias comunes sólo tenían de cuatro a cinco. Todas las casas eran de ladrillo.

Senusret se instaló en Kahun cuando fue a buscar o a inspeccionar su pirámide. Después de su muerte, los sacerdotes y sus ayudantes en el culto funerario vivieron en el pueblo.

Vida diaria

Kahun fue ocupada en las dinastías XII y XIII. Se sabe sobre los pueblos antiguos, por las cosas que éstos empleaban.

◄ Jarrones para el kohl, pintura para ojos, utilizada por hombres y mujeres.

► Espejo de bronce con mango de madera.

▼ Parte de un jarrón, de origen extranjero, según se sabe.

◄ Una butaca muy tosca, tallada de un solo bloque de madera.

▲ Castañuelas de marfil de un bailarín y collar de cuentas. Los hombres y mujeres utilizaban gran variedad de joyas.

33

El más allá

Los egipcios creían que después de la muerte vivirían en el reino de Osiris, estarían más cerca de los dioses, disfrutarían una mejor vida, y tendrían mayores poderes. Horus, quien había sido rey en la Tierra, se fusionó, después de su muerte, con Osiris, su padre. Siendo dios, el rey tenía privilegios, que las personas del común esperaban tener en el más allá.

▲ **Instrumentos utilizados en la ceremonia de la Apertura de la Boca.**

La embarcación del dios Sol

Durante el día, los reyes muertos navegaban por el cielo con Ra. En la noche, lo acompañaban por el inframundo, llevando luz al reino de Osiris. Como en Egipto todo el mundo viajaba en barcaza, asumían que el Sol también lo hacía.

Ba y ka

Así como existen diversos aspectos en el carácter de una persona, los egipcios creían que tenían varias almas. El *ka* la fuerza vital, permanecía en la tumba y tomaba la fuerza de las ofrendas de alimentos. El *ka*, se representaba como brazos levantados. El *ba*, la personalidad, podía ir a donde quisiera y tomar cualquier forma; se representaba como un pájaro con cabeza humana. El *ba* era el espíritu que encaraba los juicios en el inframundo. El *akh* era un espíritu glorificado que podía actuar con los dioses y las estrellas Imperecederas. Se representaba como una ibis con cresta.

▲ El *Libro de los muertos* ayudaba al difunto en su viaje hacia el más allá. Esta imagen es del *Libro de Ani.*

Estrellas del Norte

Un posible lugar de destino para un rey muerto eran las estrellas, ya fueran las del Polo Norte, o las de Orión, que albergaban el alma de Osiris.

Ofrendas en las tumbas

Los egipcios esperaban que sus descendientes llevaran ofrendas de alimentos, frente a una puerta falsa en el templo mortuorio. Los reyes recibían ofrendas a diario, pero la mayoría de las personas recibían las suyas sólo en las festividades de los muertos. Si no les hacían ofrendas, las oraciones y escenas talladas sobre la tumba y las paredes del templo les permitían tener lo necesario en el más allá.

▲ El hombre muerto y su esposa son conducidos al salón del juicio, allí serán juzgados ante Osiris.

▲ Anubis pone en una balanza el corazón del difunto y la pluma de la verdad. Si fue bondadoso, el corazón será tan ligero como la pluma.

▲ Toth, el dios del aprendizaje, actúa como el escriba de los dioses. Él escribe el veredicto de la corte cuando el juicio finaliza.

▲ Un corazón lleno de pecados es más pesado que la pluma, y un monstruo se lo comerá. El virtuoso goza de la vida eterna.

En la cima en forma de pirámide del Valle de los Reyes, vivía la diosa Meretseger, quien protegía la región. El *medjay*, una fuerza especial de policía, patrullaba constantemente.

LAS TUMBAS DEL IMPERIO NUEVO

Un funeral real se dirige hacia el Valle de los Reyes. En el Imperio Nuevo, Egipto tenía muchas riquezas y se enterraban increíbles tesoros con los reyes.

Los templos mortuorios no eran construidos al lado de las tumbas, sino al otro lado de los acantilados. Las ofrendas diarias se hacían allí.

Los reyes del Imperio Antiguo, Medio y principios del Nuevo fueron enterrados en pirámides. Éstas variaban en tamaño y calidad, y todas fueron saqueadas. Ineni, arquitecto del rey Tutmosis I, creó un estilo de tumbas. En ese entonces, la capital era Tebas y el rey debía ser enterrado en la orilla occidental del Nilo, en los acantilados de un valle desierto. ¿Por qué Ineni escogería ese valle? ¿Acaso porque la cima que se erige allí tenía forma piramidal?

En el interior de una tumba

Las tumbas en el Valle de los Reyes varían tan sólo un poco en tamaño y diseño. La entrada (1) era sellada para la eternidad. Un pozo (2) era un obstáculo para los ladrones y también servía como drenaje durante tormentas poco comunes. Cada tumba tenía corredores, cámaras laterales (3), y una cámara funeraria (4). Las paredes tenían relieves que mostraban el movimiento del Sol a través del inframundo. El rey renacía cada día con el Sol.

Pirámides para las personas

Cuando los reyes dejaron de construir pirámides, algunos de sus súbditos retomaron la idea. Muchos nobles del Imperio Nuevo fueron enterrados en tumbas de roca ordinaria en el lado occidental de Tebas; y las del norte de Saqqara, tenían pequeñas pirámides en sus monumentos funerarios.

La tumba de Sennedjem

Sennedjem fue un supervisor que vivió en Deir el Medina. Las imágenes de su tumba lo muestran cruzando el río de la muerte. Él y su esposa disfrutan la vida eterna en una tierra que es como Egipto, pero libre de problemas. Las cosechas son abundantes y no existe el hambre, y los jardines son magníficos.

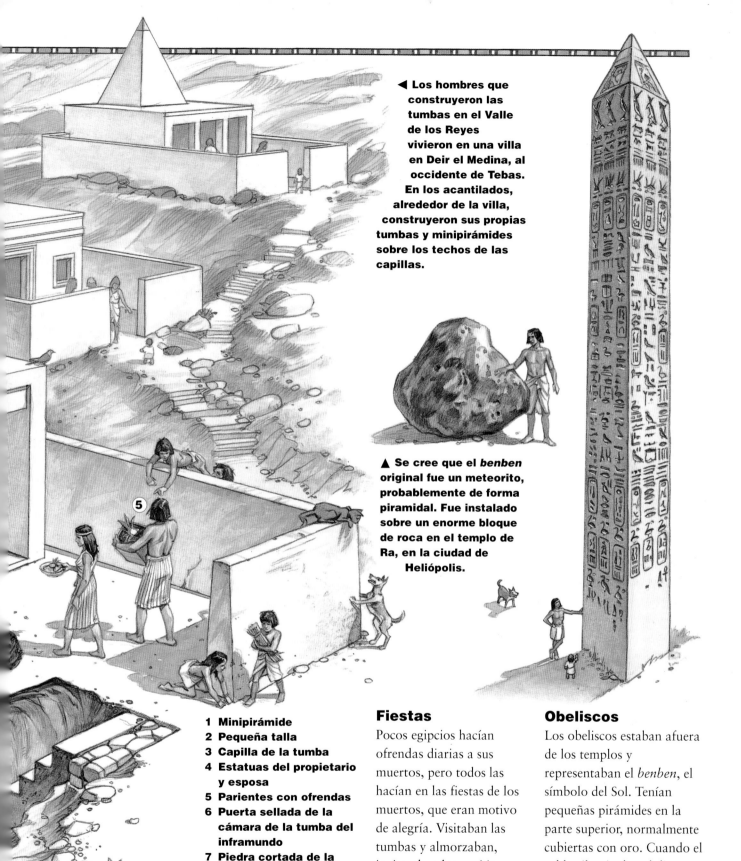

◄ Los hombres que construyeron las tumbas en el Valle de los Reyes vivieron en una villa en Deir el Medina, al occidente de Tebas. En los acantilados, alrededor de la villa, construyeron sus propias tumbas y minipirámides sobre los techos de las capillas.

▲ Se cree que el *benben* original fue un meteorito, probablemente de forma piramidal. Fue instalado sobre un enorme bloque de roca en el templo de Ra, en la ciudad de Heliópolis.

1 Minipirámide
2 Pequeña talla
3 Capilla de la tumba
4 Estatuas del propietario y esposa
5 Parientes con ofrendas
6 Puerta sellada de la cámara de la tumba del inframundo
7 Piedra cortada de la cámara funeraria
8 Pinturas murales
9 Pertenencias importantes
10 Sarcófagos

Fiestas

Pocos egipcios hacían ofrendas diarias a sus muertos, pero todos las hacían en las fiestas de los muertos, que eran motivo de alegría. Visitaban las tumbas y almorzaban, invitando a los espíritus a que participaran. En Tebas, la mayor celebración era la Fiesta del Valle.

Obeliscos

Los obeliscos estaban afuera de los templos y representaban el *benben*, el símbolo del Sol. Tenían pequeñas pirámides en la parte superior, normalmente cubiertas con oro. Cuando el sol las iluminaba, el dios entraba en su templo. El Templo del Sol, en Heliópolis tuvo dos obeliscos.

Claves del pasado

Los difuntos eran enterrados con muebles y pertenencias que necesitarían en el más allá. El clima seco de Egipto las ha preservado. Las pocas tumbas que no fueron saqueadas han suministrado información acerca de cómo vivían en ese entonces. Una de esas tumbas es la de Tutankamón.

▶ Con más de un metro de largo, este abanico debía tener plumas de avestruz.

▼ Cuatro ataúdes de oro, uno dentro de otro, a tan sólo unos centímetros de distancia, llenaban la cámara funeraria.

▼ Una máscara-retrato de oro cubría la cara del rey.

Tumba de Tutankamón

1 Entrada sellada para la eternidad
2 Antecámara con las pertenencias del rey apiladas
3 Evelyn Herbert, hija de Carnarvon
4 Estatuas del rey
5 Cámara funeraria
6 Howard Carter y Carnarvon, quienes excavaron la tumba
7 Tesoros
8 Sepulcro de oro, con las entrañas del rey en un canope
9 Anubis, el dios chacal, en guardia

◀ **Los dos ataúdes externos eran de madera, bañados en oro y con incrustaciones de piedras semipreciosas. El tercer ataúd, el interior, estaba hecho de oro sólido con incrustaciones.**

◀ **Este relieve del trono del rey está cubierto de oro, plata y piedras preciosas. Representa al rey y a la reina.**

▼ **La tumba contenía muchos objetos hermosos fabricados en alabastro. Esta graciosa talla representa la embarcación funeraria real.**

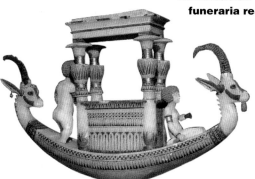

Tutankamón

Después de dos asaltos, la tumba de Tutankamón permaneció intacta hasta su descubrimiento en 1922. Se le conoce como el Faraón Niño, pues sólo tenía 20 años cuando murió. Su tumba no estaba lista y sus tesoros tuvieron que ser apilados en una tumba más pequeña, destinada en principio a uno de sus favoritos.

◀ **El tesoro contenía muchos modelos de embarcaciones destinadas para el uso del rey en el más allá.**

La piedra de Rosetta

Puesto que está escrita en jeroglíficos y en griego, la piedra de Rosetta fue la clave para descifrar los pictogramas. Gracias a ésta los historiadores pudieron conocer detalles de la religión, las leyes y la vida diaria de los egipcios, que de lo contrario nunca se hubieran conocido.

Jeroglíficos

Los egipcios escribían con símbolos. Algunos representaban sólo una letra; otros más de una o palabras completas. Las vocales no se escribían, pero eran pronunciadas cuando se leía. Como tomaba tiempo escribir cada jeroglífico, los egipcios inventaron una forma abreviada, la hierática, que evolucionó a una forma más reducida, la demótica.

⑦

⑨ ⑧

LAS PIRÁMIDES DE AMÉRICA

Muy lejos de Egipto, en el continente americano, otros pueblos se dedicaron a construir sus propias pirámides y montículos. Esto comenzó en Centroamérica y en el noroccidente de Suramérica, pero pronto la idea tomó fuerza en Norteamérica.

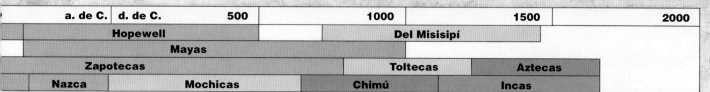

a. de C.	d. de C.		500		1000		1500		2000

Hopewell

Del Misisipí

Mayas

Zapotecas

Toltecas

Aztecas

Nazca

Mochicas

Chimú

Incas

El pueblo de Misisipí en Etowah prosperó cerca del año 1200. Los agricultores y cazadores comerciaban desde los Grandes Lagos hasta el Golfo de México. Utilizaban herramientas de cobre y piedra. Los templos se erigían sobre grandes montículos, y los gobernantes, utilizaban como adornos conchas, perlas y joyería de mica. Vivían en palacios construidos sobre montículos. El pueblo estaba protegido con una cerca.

Los mayas

Centroamérica fue el hogar de los olmecas, mayas, toltecas, zapotecas y aztecas. Los mayas, construyeron pirámides escalonadas. Las escaleras con esculturas e inscripciones, conducen a la parte superior de los templos. Dos de las mejores son el Templo de las Inscripciones en Palenque y la Escalera de Jeroglíficos en Copán. A veces, los reyes eran enterrados en las pirámides.

El Mirador

El Mirador fue una de las primeras ciudades mayas, próspera desde el año 150 a. de C. al 150 d. de C., aproximadamente. Tenía varias pirámides escalonadas y en sus cúspides tenían capillas. Fueron construidas con piedra caliza, cubiertas con yeso y pintadas de rojo, color que tenía una importancia religiosa. Para alimentar a sus dioses, los mayas punzaban sus cuerpos con espinas y ofrecían su propia sangre como sacrificio. Algunas veces también sacrificaban a prisioneros. Los mayas fueron matemáticos y astrónomos y elaboraron un complicado sistema para medir el tiempo. Tenían un calendario de 365 días.

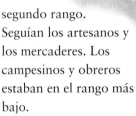

Los arqueólogos han encontrado pinturas murales mayas, con dramáticas escenas en vivos colores. Las figuras de abajo, se encuentran en Bonampak.

La pirámide social

El rey-dios (izquierda) estaba en la cumbre. Los nobles, los guerreros (centro), y los sacerdotes (derecha) formaban el segundo rango. Seguían los artesanos y los mercaderes. Los campesinos y obreros estaban en el rango más bajo.

Trabajos manuales

Los mayas eran expertos en trabajar la piedra y consideraban el jade una piedra preciosa. El metal sólo fue utilizado en épocas tardías, y para joyería, no para herramientas. Este artesano está tallando una estela en piedra caliza con glifos. Con las estelas se conmemoraban ocasiones especiales y aniversarios.

Escritura

Los mayas escribían con símbolos. Estos jeroglíficos fueron decodificados hace poco. Tallaron inscripciones en sus monumentos, y escribieron libros sobre papel de higo o de pieles de animales. Se rescataron cuatro libros. Los españoles que conquistaron sus territorios a principios del siglo XVI quemaron el resto.

Medidas de tiempo

1 0c   3 Cumku   ascenso   captura

Chichén Itzá

Las primeras ciudades mayas estaban en las tierras bajas del sur. Cuando terminó el Período Clásico, en el año 900, el poder se desplazó al norte, a Chichén Itzá, que emergió como capital después de una guerra. Fue un poderoso Estado con un comercio extendido. Allí, los estilos clásicos de arquitectura maya se fusionaron con los de los toltecas, de las tierras altas. Después del colapso de Chichén Itzá, el poder se trasladó a Mayapán.

▼ El Castillo, la pirámide principal de Chichén Itzá, fue reconstruida sobre una más antigua. La reconstrucción se realizó cerca del año 1100, la original había sido construida cien años antes. En el interior de la pirámide original había un jaguar de piedra pintado de rojo, con incrustaciones de jade que simulaban las manchas.

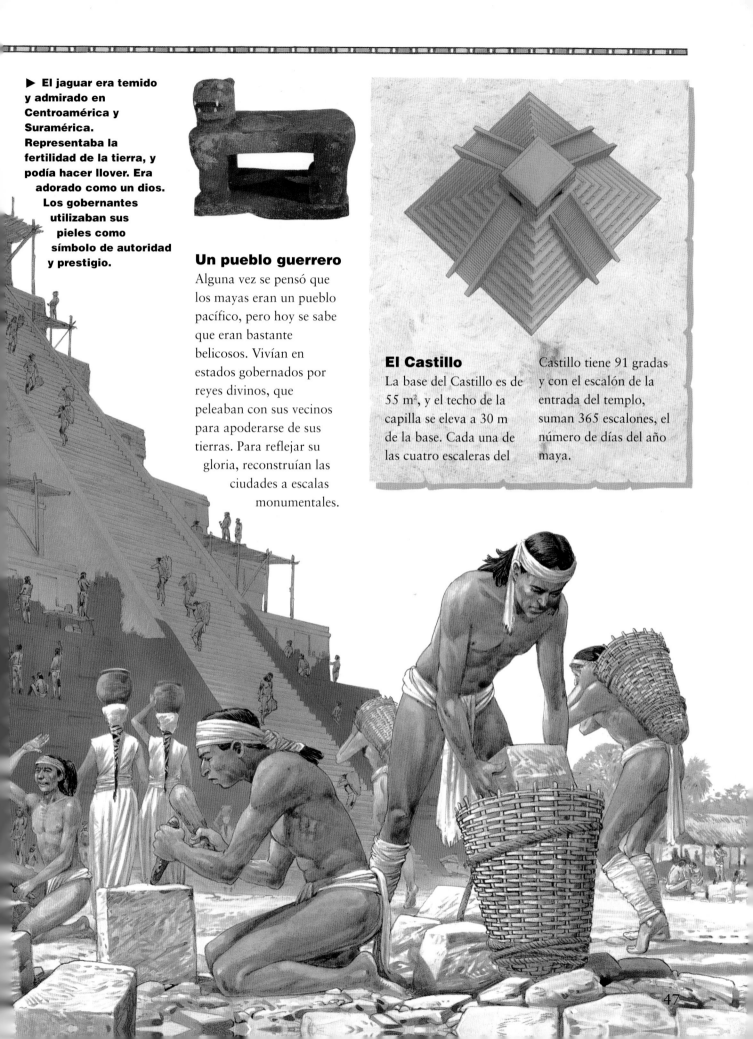

► El jaguar era temido y admirado en Centroamérica y Suramérica. Representaba la fertilidad de la tierra, y podía hacer llover. Era adorado como un dios. Los gobernantes utilizaban sus pieles como símbolo de autoridad y prestigio.

Un pueblo guerrero

Alguna vez se pensó que los mayas eran un pueblo pacífico, pero hoy se sabe que eran bastante belicosos. Vivían en estados gobernados por reyes divinos, que peleaban con sus vecinos para apoderarse de sus tierras. Para reflejar su gloria, reconstruían las ciudades a escalas monumentales.

El Castillo

La base del Castillo es de 55 m², y el techo de la capilla se eleva a 30 m de la base. Cada una de las cuatro escaleras del Castillo tiene 91 gradas y con el escalón de la entrada del templo, suman 365 escalones, el número de días del año maya.

La ciudad flotante

Cerca del año 1200 una tribu de cazadores y agricultores llegó al valle de México buscando un lugar para asentarse. En una pantanosa isla, en el lago Texcoco, vieron a un águila posarse sobre un cactus. Creyeron que era buen augurio y edificaron allí la capital, Tenochtitlán. Gracias a sus habilidades guerreras, los aztecas fueron poderosos.

3 Centro de Gobierno

La ciudad estaba dividida en cuatro sectores. Teopán era el cuarto y allí estaba el Palacio Real y el Gran Templo.

1 El templo de la Gran Pirámide

Allí se realizaban sacrificios a los dioses.

2 Canales

Los canales conectaban las distintas partes de la ciudad, los aztecas los utilizaban como carreteras y navegaban por ellos en pequeños botes de fondo plano. Existían aceras peatonales en la orilla.

4 Carreteras elevadas

Éstas conectaban Tenochtitlán con tierra firme. Eran muy anchas, tres caballos podían cabalgar al tiempo.

5 Suburbios

Los aztecas comenzaron a habitar otras islas y a construir sobre ellas.

6 El acueducto

El agua fresca era conducida desde tierra firme por un acueducto cubierto.

⑥

7 Chinampas

Debido al aumento de la población en las ciudades, los aztecas construyeron chinampas, jardines flotantes, para así tener más espacio.

⑦

Trabajo de la tierra

El maíz fue el cultivo principal en Centroamérica. Era el equivalente del trigo, el centeno o el arroz en el Nuevo Mundo. Los aztecas también cultivaban frutas y vegetales en sus fértiles chinampas. Celebraban festivales de cosecha especiales para agradecer a los dioses su generosidad. Engordaban pavos y perros pequeños sin pelo por su carne, y cazaban venados, conejos y cerdos salvajes. El lago los proveía de peces y aves acuáticas.

patatas

aguacate

maíz

calabaza

chile

tomate

▶ **Todos los hombres ayudaban a construir chinampas para sus familias.**

▶ **Las raíces de los árboles plantados en el borde ayudaban a arraigar la tierra y evitaban que se hundiera en el lago.**

◀ **Se tejían nidos de caña para hacer la plataforma flotante. Luego se martillaban postes de sauce alrededor.**

▼ **Se dragaba barro negro del fondo del lago, que posteriormente se esparcía sobre la plataforma de caña y se dejaba secar. Las chinampas eran muy fértiles, pero necesitaban muchos cuidados.**

Tenochtitlán se convirtió en una ciudad superpoblada, con alrededor de 300.000 habitantes. Era más grande que cualquier otro pueblo del mundo en ese momento. En 1520, los españoles quedaron impresionados por la belleza y limpieza de Tenochtitlán.

El templo de la Gran Pirámide

Los aztecas creían que el dios Sol necesitaba sangre humana para fortalecerse. Sin sangre, el Sol moriría y el mundo llegaría a su fin, así los sacrificios humanos eran indispensables. El templo de la Gran Pirámide era el principal centro religioso de Tenochtitlán.

Los aztecas eran un pueblo belicoso. Todos los niños eran entrenados para ser guerreros, y los prisioneros eran sacrificados. Quienes capturaban prisioneros conseguían poder y riquezas. Quienes no lo hacían, eran deshonrados. Los pueblos conquistados debían pagar tributo a los aztecas. Los soldados que regresaban de la guerra trabajaban como agricultores, artesanos o mercaderes.

Escudo de plumas

Siete templos

La Gran Pirámide Escalonada se encontraba en el centro del complejo sagrado de Tenochtitlán. En la parte superior se ubicaban las capillas gemelas dedicadas a Huitzilopochtli, dios del Sol y la guerra, y a Tlaloc, dios de la lluvia. Allí los aztecas llevaban a cabo sus más terribles ceremonias, que involucraban sacrificios humanos. Los sacerdotes mataban a sus víctimas sobre el altar. Recientemente se hallaron seis pirámides debajo de la destruida por los españoles. Los nuevos templos eran más esplendorosos que los anteriores.

Guerreros y sacerdotes

Los caballeros del águila y del jaguar, quienes eran los guerreros líderes, pertenecían a la nobleza, lo mismo que los sacerdotes. Algunos artesanos eran tenidos en alta estima, especialmente aquellos que trabajaban oro o plumas. Los mercaderes tenían poder pero carecían de prestigio y los obreros no calificados eran de la clase baja.

Los mochicas

En el noroccidente de Suramérica, otros pueblos también construyeron pirámides escalonadas y montículos con cumbres planas. Dentro de éstos estaban los chavín, los nazca, los mochicas, los chimú y los incas. Los mochicas vivieron en la costa norte de lo que hoy es Perú. Idearon un excelente sistema de irrigación que implementaron en sus tierras. Abonaban sus campos con guano, excremento de ave marina.

▲ Para fabricar adobes, se disponía en pozos poco profundos tierra, agua y paja cortada; luego, los obreros pisaban todos los materiales hasta lograr su mezcla. La paja ayudaba a dar consistencia y a aglutinar el barro.

▲ Al barro se le daba forma cúbica con un molde de madera que no tenía tapa ni asiento, y que podía reutilizarse. Los adobes se secaban al sol hasta que se endurecían.

▲ Los mochicas eran excelentes alfareros. Sus vasijas más elaboradas representaban a personas con animales, lo cual dice mucho sobre sus costumbres y manera de pensar.

Los nazca

La cultura nazca se asentó en el sur del Perú. Sus tejedores produjeron textiles con colores brillantes y grandes diseños. Sin embargo, se les recuerda más por sus misteriosas "líneas": las enormes imágenes de aves y animales que trazaron en el desierto.

Los mochicas eran agricultores, pescadores y mercaderes. Nunca inventaron un sistema de escritura, pero eran grandes artesanos y constructores. Sus construcciones fueron de adobe, que se utiliza en todo el mundo, donde el clima lo permite. La pirámide mochica más grande fue la Pirámide del Sol, medía 41 m de alto y contenía más de 143 millones de adobes. La Pirámide de la Luna fue construida con más de 50 millones de adobes.

Los mochicas fueron hábiles trabajando el cobre, la plata y el oro. Esta diminuta figura de un guerrero-dios, fabricada en oro, plata y turquesa, era un ornamento para la nariz, y fue encontrado durante una excavación de una tumba cerca a Sipán.

La pirámide de Sipán

Antes de una ceremonia, el gobernante era vestido con su ajuar. Se conoce acerca de la indumentaria y joyería gracias a los artículos enterrados con los gobernantes de Sipán. Dos de sus entierros fueron encontrados cerca de la pirámide.

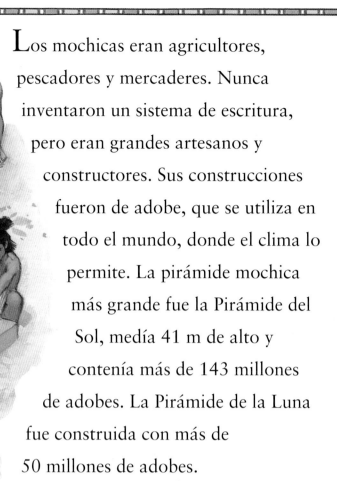

Los adobes son consistentes y duran muchos siglos. Sin embargo, durante el siglo XVII, los buscadores de tesoros españoles desviaron un río para arrasar la Pirámide del Sol, y así poder obtener el oro que reposaba bajo ella.

Los incas

Los incas habitaron en el noroccidente de Suramérica desde 1438 hasta 1532. Creían que sus gobernantes, los sapa incas, eran descendientes directos del Sol. Ellos podían casarse con sus hermanas. Los nobles de sangre real y otros que tenían los mismos privilegios formaban la nobleza. Debajo de ellos estaban los nobles con menos privilegios, como los oficiales locales; luego estaban los plebeyos. En la sociedad inca, todos trabajaban y contribuían con la comunidad de acuerdo con su rango. Los necesitados eran cuidados por el Estado.

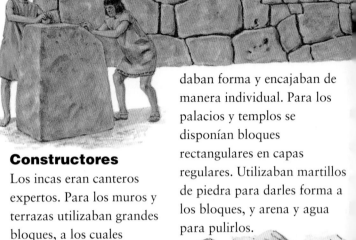

Constructores

Los incas eran canteros expertos. Para los muros y terrazas utilizaban grandes bloques, a los cuales daban forma y encajaban de manera individual. Para los palacios y templos se disponían bloques rectangulares en capas regulares. Utilizaban martillos de piedra para darles forma a los bloques, y arena y agua para pulirlos.

El quipu

Los incas no tenían sistema de escritura. Mantenían registros con un sistema de cuerdas de colores: el quipu. Cada cuerda y nudo equivalía a un objeto y a un número. Los quipus se transportaban en carreras de relevos por el imperio.

Los incas construyeron excelentes carreteras que atravesaban los desiertos, las montañas y las selvas de su territorio. La mayor parte de la tierra cultivable se encontraba en las partes elevadas de los Andes, por lo que tuvieron que construir terrazas planas sobre las faldas de las montañas para poder cultivar maíz y papa. También explotaron las minas para extraer grandes cantidades de cobre, oro y plata.

Templo del Sol

Fue construido sobre una plataforma de terrazas. Dominaba la esquina suroriental de Cuzco, la capital. Era el lugar más sagrado del imperio.

Allí, en un templo, un friso de oro decoraba las paredes y se encontraba un disco de oro, que representaba al dios Sol, el ancestro de los emperadores incas. En la parte posterior se hallaban estatuas de oro.

55

Pirámides del mundo

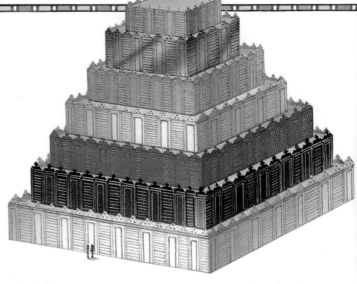

Otras culturas también incorporaron la forma piramidal en su arquitectura, pero la mayoría no estaban destinadas a ser tumbas. En la antigua Mesopotamia, la tierra entre los ríos Tigris y Éufrates, hoy Irak, existieron constructores entusiastas de plataformas escalonadas. Como la madera y la piedra escaseaban, tuvieron que construirlas con ladrillos.

Asiria

Los asirios vivieron en el norte de Mesopotamia. Comenzaron a conformar su gran imperio en el siglo VIII a. de C., y dominaron el área hasta el año 614 a. de C. Al igual que sus vecinos, los asirios construyeron grandes zigurats para honrar a sus dioses. Este espectacular zigurat escalonado de siete colores diferentes se encontrab en Khorsabad y medía más de 40 m de alto. Khorsabad fue construida por el rey Sargón II (721-701 a. de C), destinada a ser la nueva gran capital para imperio, pero el rey murió poc después de que se terminó. Posteriormente, esta ciudad fu abandonada y cayó en ruinas.

Nubia

A finales del Imperio Nuevo de Egipto, Nubia obtuvo independencia y tuvo sus propios reyes. Su cultura y su religión tenían influencia egipcia. Adoptaron las tradiciones egipcias en sus entierros, y erigieron tumbas- pirámides en El Kurru y Nuri, que se construyeron con arenisca local y que tenían lados empinados. Las cámaras funerarias se construyeron con la parte interna de rocas enterradas y algunas fueron decoradas con escenas al estilo egipcio.

Sumer

Los sumerios, primeros habitantes del sur de Mesopotamia, hicieron templos sobre plataformas bajas. Los nuevos templos, eran construidos sobre los restos del antiguo, de manera que la plataforma inferior cada vez era más alta. El efecto les gustó y diseñaron nuevos templos llamados zigurats, o templos escalonados. Los templos sobre la cumbre se volvieron insignificantes. Las plataformas eran tan grandes que debían construir terrazas en forma de pirámide escalonada. Arriba, un zigurat de la ciudad de Ur cerca del año 2000 a. de C.

Babilonia

Los babilonios se tomaron el poder en Mesopotamia alrededor del año 2000 a. de C., adoptaron las antiguas ideas sumerias y construyeron zigurats. Éste es el Etemenanki, el gran zigurat de Babilonia. Fue reconstruido durante el Imperio Nuevo (625-539 a. de C.)

a una escala que concordara con la capital de su nuevo y vasto imperio. Tal vez 200.000 personas habitaron Babilonia en su apogeo. El zigurat medía cerca de 100 m de alto y pudo haber inspirado la historia bíblica de la Torre de Babel.

Java

Se utilizaron más de un millón de bloques de piedra para construir Borobudur, Java. Su base mide 113 m^2 y su altura es de 35 m. Sobre ella se encuentran tres terrazas circulares, sobre las cuales hay 72 estupas que contienen estatuas de Buda. En el centro de la pirámide hay una enorme estupa. Los diferentes niveles representan las ideas de la fe budista. El templo simboliza el universo y también una montaña, lugar sagrado en el sudeste de Asia. Allí, los creyentes meditan y hacen rituales.

Roma

Muchas personas han quedado impresionadas con el antiguo Egipto, sus monumentos y su larga historia. Los romanos quedaron impactados con la devoción egipcia. El culto a la diosa Isis se expandió por todo el Imperio Romano hasta el Muro de Adriano en Gran Bretaña. Este interés puede explicar por qué fue construido un monumento funerario en Roma. En los tiempos victorianos, Egipto asombró a los europeos. Realizaron viajes para conocer las maravillas de los faraones y algunos decidieron construir sus tumbas en forma de pirámide.

Burma

Dhammayangyi es un templo budista de Pagan, en Burma. El rey Narathu (1169-74) asesinó a su padre, hermano y esposa. Construyó el templo para expiar sus pecados, pero asesinó al arquitecto para que no construyera otro igual. El templo es cuadrado y está construido alrededor de un pilar central. El trabajo de ladrillos es muy fino, ¡tal vez porque Narathu cortaba las manos de aquellos que no construyeran capas de ladrillos consistentes!

El poder de las pirámides

Las pirámides han sido estudiadas por los arqueólogos por más de cien años y en la actualidad siguen haciendo descubrimientos sobre éstas. Han inspirado extrañas teorías e ideas. Los publicistas han reconocido que existe algo especial en la forma de las pirámides y utilizan imágenes de ellas para vender.

En 1993 este pequeño robot exploró una ranura en la Gran Pirámide de Gizeh y encontró una entrada sellada al final.

¡3.000 años después!

Esta elegante y moderna versión de una pirámide es un monumento a la memoria del presidente egipcio Sadat y en honor al soldado desconocido. Sus paredes están cubiertas con textos del *Corán*.

La pirámide Transamérica

Muchos arquitectos modernos, fuera de Egipto, han retomado la forma de las pirámides y la han adaptado. Al utilizar materiales modernos como vidrio y acero, han producido algunas fantásticas variaciones. En San Francisco, EE. UU., la pirámide Transamérica domina el cielo. La forma piramidal resiste los frecuentes terremotos que ocurren en el área. La pirámide fue construida en 1970 y mide 257 m de alto.

La pirámide del Louvre

Los lados de la pirámide de vidrio, construida como entrada al Museo de Louvre en París, se elevan en el mismo ángulo que la Gran Pirámide. Algunas personas consideran que la pirámide desentona con el gran palacio renacentista.

Teorías sobre pirámides

En la Edad Media, algunas personas creían que las pirámides habían sido los graneros de José. Una historia bíblica cuenta que José predijo la hambruna en Egipto, y le sugirió al faraón que almacenara alimentos en los graneros. Otros creían que en las pirámides los sacerdotes observaban las estrellas. En la era victoriana se creía que la Gran Pirámide era una inspiración divina y que podía emplearse para predecir el futuro. Algunos teóricos modernos aseveran que visitantes de otros planetas estuvieron involucrados en la construcción de las pirámides de Gizeh.

Conexión estelar

Investigaciones científicas demostraron que dos de los ejes de la Gran Pirámide apuntan hacia la Estrella Polar. Un tercer eje hacia Orión y un cuarto hacia Sirio.

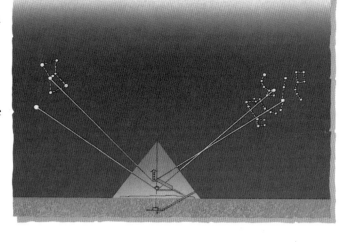

Torre Canary Wharf

Dentro de los modernos edificios que captan la atención en la desarrollada zona portuaria de Londres, se encuentra el rascacielos de 50 pisos de Canary Wharf. Con su torre en forma de pilar soporta una pirámide, y se parece a un obelisco. Es la construcción más grande de Gran Bretaña.

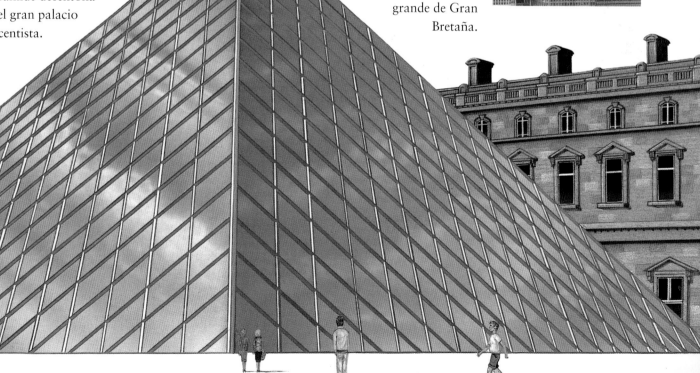

Glosario

CARTUCHO

adobe Masa de barro en forma de ladrillo que se seca al sol; se emplea en construcción.

amuleto Objeto utilizado para la buena suerte o para proteger de algún daño.

Apertura de la Boca Parte del servicio funerario del antiguo Egipto, en la que se tocaba a la momia con una azuela para abrirle la boca y devolverle el habla y el movimiento.

arqueólogo Persona que estudia antiguas culturas desenterrando sus herramientas, sus bienes y las ruinas de sus construcciones.

arquitecto Persona que diseña construcciones.

astronomía Estudio científico de las estrellas y planetas.

barraca Construcción plana donde vive un número de soldados u obreros.

canope Vaso que contenía las vísceras de los egipcios momificados. En el Imperio Medio las tapas tenían forma de cabezas humanas; en el Imperio Nuevo tenían la forma de las cabezas de los cuatro hijos de Horus: hombre, babuino, chacal y cóndor.

cartucho Marco ovalado dibujado alrededor del nombre real. Proviene del símbolo jeroglífico de la protección.

cayado Báculo corto, curvo en la punta, similar al de los pastores, que era parte de los emblemas reales en el antiguo Egipto.

chinampa Isla artificial en el lago Texcoco, construidas por los aztecas con madera, junco y barro. Se utilizaba para cultivar.

cincel Herramienta con una cuchilla recta y filuda que sirve para dar forma a la madera o a la piedra.

columna Pilar alto utilizado para soportar techos, decorado con tallas.

culto Acto religioso o rito realizado en una ceremonia.

dinastía Línea de gobernantes, miembros de la misma familia que heredan el trono.

COLUMNA

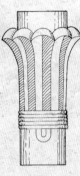

palma

diorita Piedra resistente, con vetas blancas y negras utilizada en las estatuas.

dique Alto banco de tierra, con una zanja en un lado, construido para proteger campos de inundaciones.

el más allá Lugar donde habita el alma de las personas después de su muerte. Vida después de la muerte.

embalsamamiento Preservación de un cuerpo de la putrefacción.

emblemas reales Coronas, cetros y otros objetos utilizados por un rey o reina para mostrar su rango.

escriba En tiempos antiguos, persona que sabía escribir. Su trabajo era copiar y escribir cartas.

esfinge Una de las formas del dios Sol egipcio. Tenía cuerpo de león, y la cabeza del rey o de un carnero. La esfinge de Gizeh tiene el rostro del rey Kefrén.

estela Tabla de piedra vertical con inscripciones o con imágenes talladas.

estrellas polares Grupo de estrellas sobre el Polo Norte. Los egipcios las llamaban las Imperecederas, porque nunca descendían sobre el horizonte.

estupa Monumento budista que contiene una reliquia o estatua de Buda.

excavar Remover tierra de un sitio para investigar.

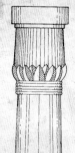

papiro cerrado

faraón Proviene de las palabras egipcias *per* y *'o*, que significan gran casa.

friso Banda decorativa en la parte superior de una pared.

granito Piedra resistente, encontrada cerca del pueblo de Asuán en Egipto. Puede ser rosada o gris con vetas.

guano En Suramérica, el excremento de aves marinas que anidan en la costa occidental.

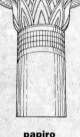

papiro abierto

heb sed La Fiesta de la Cola. Antigua ceremonia egipcia, llevada a cabo cuando un rey cumplía 30 años de reinado, para renovar su poder. Alude al momento en que el rey se puso por primera vez la cola del toro, como emblema real.

jade Piedra verde dura.

jaguar Felino de manchas negras de Centroamérica y Suramérica, es un cazador mortal.

jeroglíficos Escritura con imágenes.

kohl Pintura para delinear los ojos.

Libro de los muertos Escrito sobre un rollo de papiro, que se ubicaba dentro o cerca del ataúd. Basado en los *Textos de las pirámides*, pero destinado para el uso de los plebeyos y de la realeza. Indicaba cómo sobrellevar los peligros y alcanzar satisfactoriamente el reino de Osiris.

llama Animal suramericano apreciado por su fina lana y como bestia de carga.

CANOPE

babuino

hombre

cóndor

chacal

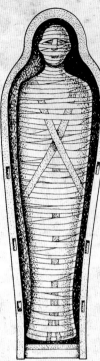

MOMIA

mastaba Palabra árabe que significa banco de adobe. Así se conocen algunas tumbas de Gizeh y Saqqara, por su forma similar.

mayal Manija con tres cuerdas y cuentas, parte del ajuar real egipcio.

mazo Martillo normalmente de madera.

meteorito Fragmento de roca o metal que ha caído a la Tierra desde el espacio.

momia Cuerpo embalsamado. La palabra proviene del árabe *mumiya*: brea. Algunas momias se volvieron negras, por lo cual se creyó que habían sido cubiertas de brea.

natrón Sal natural. Los egipcios explotaban la sal en Wadi el Natrun.

obelisco Alto pilar de piedra cuadrado con una cúspide de forma piramidal.

ofrenda Regalos de alimentos u otros, ofrecidos a los parientes o reyes fallecidos.

paleta Tabla de madera o piedra en la que se mezclaban pinturas.

palizada Cerca hecha con estacas, utilizada para proteger un pueblo.

papiro Junco. Los egipcios tajaban su tallo en tiras y las unían para hacer papel, también conocido como papiro.

pertenencias para la tumba Objetos dispuestos en una tumba para que el difunto los utilizara o disfrutara en el más allá.

piedra caliza Piedra blanca fácil de cortar y tallar, utilizada en las pirámides egipcias.

FARAÓN

piedra de remate Piedra de la cúspide de una pirámide, de forma piramidal.

piedra de revestimiento Capa externa de una pirámide que recubre las piedras de la estructura interna.

SAPA INCA

plomada Cuerda con un peso en su extremo, utilizada para verificar que una piedra o una pared esté recta.

quiosco Estructura liviana, con entradas.

quipu Antigua forma inca de realizar registros, con coloridas cuerdas anudadas.

rampa Pendiente que une un terreno con un nivel más alto.

relieve Imagen tallada que decora una pared.

resina Sustancia pegajosa de los tallos o troncos de algunas plantas, utilizada para embalsamar.

sacrificio Ofrenda en honor de un dios, como comida, incienso, o la vida animal o humana.

santuario Lugar que contiene una estatua de un dios o una reliquia.

sapa inca El inca supremo, equivalente a un emperador.

PLOMADA

sarcófago Ataúd externo hecho de piedra, dentro del cual era dispuesto un ataúd de madera.

templo del valle Parte de un complejo de pirámides egipcias, construido donde el desierto y el campo se unían. El cuerpo de un rey muerto era preparado allí para el entierro.

templo mortuorio En un complejo de pirámides egipcias, el lugar donde a diario se realizaban ofrendas al rey.

terraza Espacio elevado y nivelado utilizado para caminar, estar de pie o cultivar.

tributo Pago realizado por los pueblos conquistados a sus conquistadores.

trineo Maderas unidas para arrastrar cargas pesadas con mayor facilidad.

tumba Sepultura con una construcción sobre ella, o un número de recintos de roca.

yunta Aparejo de animales que sirve para transportar objetos pesados.

zigurat Templo escalonado con plataformas en la antigua Mesopotamia.

TEMPLO DEL VALLE

zodiaco Las doce partes iguales en las que las antiguas civilizaciones dividieron el cielo, cada una de las cuales lleva el nombre de una constelación de estrellas.

Índice

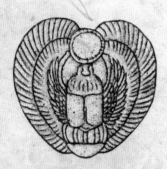

Agradecimientos

Los editores dan las gracias a los siguientes ilustradores por su contribución con este libro:

Julian Baker 17*r*, 18-19*t*, 19*r*, 20*t*, 20-21*c*, 22*bl*, 26*t*, 31*tr*, 49*tr*, 51*tr*; **Vanessa Card** 8, 14-15*b*, 26-7 (cartuchos), 34*bl/tr*, 40*br*,44*bl*, 45*tr*; **Peter Dennis** (Linda Rogers Associates) 4-5, 6-7*tc/b*, 16-17, 18-19*b*, 24-25*b*, 46-47; **Francesca D'Ottavi** 9, 10, 30-31*c*, 50-51; **Terry Gabbey** (Associated Freelance Artists Ltd) 38-39, 42-43; **Christa Hook** (Linden Artists) 32*bl*, 35*tr*, 44*tl*, 49*c/br*, 54*tr/bl*; **Christian Hook** 53*cr*; **John James** (Temple Rogers Artists Agency) 48; **Eddy Krähenbühl** 22*t/c/br*, 23, 40-1*c*,55; **Angus McBride** 44-45*br*, 53-53*c*; **Nicki Palin** 11*r*, 12*bl*, 36-37; **Richard Ward** 5*tr*, 7*tr/c*, 12*c*, 20*c*, 21*br*, 24*tl*, 32*c*, 33*r*, 34*c*, 35*tl*, 37*br*, 43*tr*, 47*tr*, 51*tl*, 52*bl/br*, 53*tr*; **Studio Boni Galante** (Virgil Pomfret Agency) 26-27*c*, 32-33*c*; **Ian Thompson** 56-57, 58*cl/br*, 59*tr/b*; **Shirley Tourret** (B L Kearley Ltd) 30*tl/bl*, 31*br*; **Andrew Wheatcroft** (Virgil Pomfret Agency) 12-13, 14*t*, 15*t*, 28-29.

Viñetas de Vanessa Card
Cornisas de John Lobban (B L Kearley Ltda.)

Los editores también dan las gracias a quienes colaboraron con fotografías para este libro:

Página 6 ZEFA
15 y 19*t* Ancient Art & Architecture Collection
19*b*, y 24 Peter Clayton
27 G Dagli Orti
29 y 35 Michael Holford
38 Peter Clayton
40 ZEFA
41*tl* y 41*tc* ZEFA; 41*cr* British Museum
47 G Dagli Orti
58 Anne Millard
58-59 Ancient Art y Architecture Collection
59 ZEFA

l: izquierda   *r*: derecha   *t*: arriba   *b*: abajo   *c*: centro